| | |
|---|---|
| shule - die Schule | 2 |
| usafiri - die Reise | 5 |
| usafiri - der Transport | 8 |
| jiji - die Stadt | 10 |
| mazingira - die Landschaft | 14 |
| mgahawa - das Restaurant | 17 |
| dukakuu - der Supermarkt | 20 |
| vinywaji - die Getränke | 22 |
| chakula - das Essen | 23 |
| shamba - der Bauernhof | 27 |
| nyumba - das Haus | 31 |
| sebuleni - das Wohnzimmer | 33 |
| jikoni - die Küche | 35 |
| bafu - das Badezimmer | 38 |
| chumba ya mtoto - das Kinderzimmer | 42 |
| nguo - die Kleidung | 44 |
| ofisi - das Büro | 49 |
| uchumi - die Wirtschaft | 51 |
| kazi - die Berufe | 53 |
| zana - die Werkzeuge | 56 |
| ala za muziki - die Musikinstrumente | 57 |
| bustani ya wanyama - der Zoo | 59 |
| michezo - der Sport | 62 |
| shughuli - die Aktivitäten | 63 |
| familia - die Familie | 67 |
| mwili - der Körper | 68 |
| hospitali - das Spital | 72 |
| dharura - der Notfall | 76 |
| dunia - die Erde | 77 |
| saa - die Uhr | 79 |
| wiki - die Woche | 80 |
| mwaka - das Jahr | 81 |
| maumbo - die Formen | 83 |
| rangi - die Farben | 84 |
| kinyume - die Gegenteile | 85 |
| nambari - die Zahlen | 88 |
| lugha - die Sprachen | 90 |
| ambao / nini / jinsi - wer / was / wie | 91 |
| wapi - wo | 92 |

AF289437

Impressum
Verlag: BABADADA GmbH, Nedderfeld 112 , 22529 Hamburg
Geschäftsführer / Verlagsleitung: Harald Hof
Druck: Books on Demand GmbH, In de Tarpen 42, 22848 Norderstedt

Imprint
Publisher: BABADADA GmbH, Nedderfeld 112 , 22529 Hamburg, Germany
Managing Director / Publishing direction: Harald Hof
Print: Books on Demand GmbH, In de Tarpen 42, 22848 Norderstedt

# shule

# die Schule

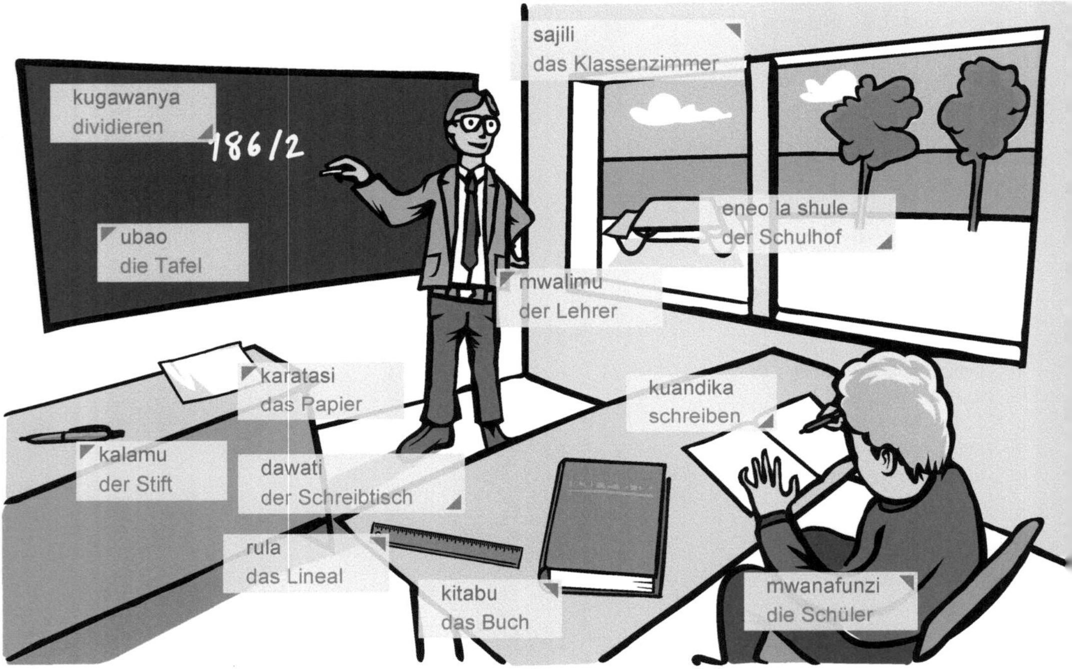
sajili
das Klassenzimmer
kugawanya
dividieren
186/2
ubao
die Tafel
eneo la shule
der Schulhof
mwalimu
der Lehrer
karatasi
das Papier
kuandika
schreiben
kalamu
der Stift
dawati
der Schreibtisch
rula
das Lineal
kitabu
das Buch
mwanafunzi
die Schüler

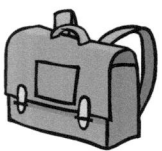

mkoba

die Schultasche

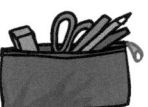

kikasha cha penseli

die Federmappe

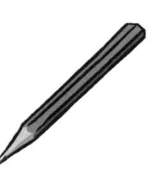

penseli

der Bleistift

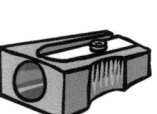

kichonga penseli

der Bleistiftspitzer

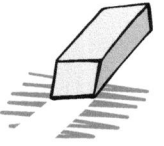

mpira

der Radierer

pedi ya kuchora

der Zeichenblock

uchoraji
...............
die Zeichnung

brashi ya rangi
...............
der Finsel

sanduku la rangi
...............
der Malkasten

mkasi
...............
die Schere

gundi
...............
der Klebstoff

daftari
...............
das Übungsheft

kazi ya nyumbani
...............
die Hausübung

nambari
...............
die Zahl

jumlisha
...............
addieren

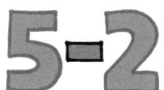

ondoa
...............
subtrahieren

zidisha
...............
multiplizieren

kokotoa
...............
rechnen

barua
...............
der Buchstabe

alfabeti
...............
das Alphabet

neno
...............
das Wort

maandishi

der Text

kusoma

lesen

chaki

die Kreide

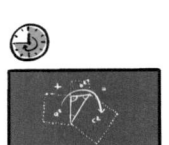

somo

die Unterrichtsstunde

sajili

das Klassenbuch

uchunguzi

die Prüfung

cheti

das Zeugnis

sare za shule

die Schuluniform

elimu

die Ausbildung

elezo

das Lexikon

chuo kikuu

die Universität

darubini

das Mikroskop

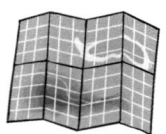

ramani

die Karte

kikapu cha kuweka karatasi
chafu

der Papierkorb

# usafiri
# die Reise

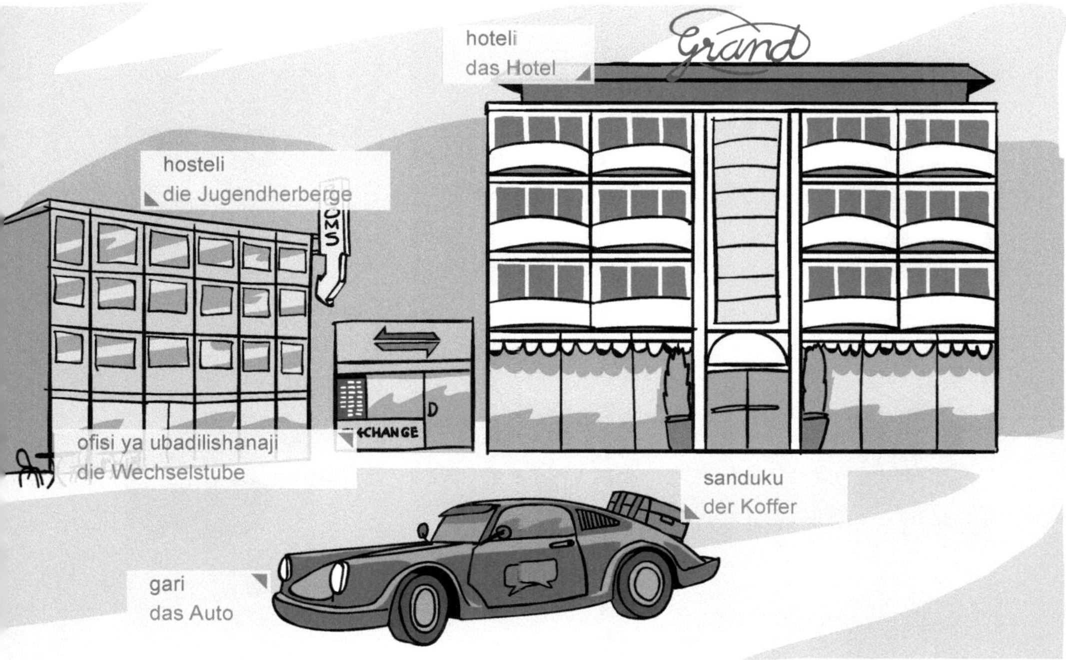

hoteli
das Hotel
Grand
hosteli
die Jugendherberge
ofisi ya ubadilishanaji
die Wechselstube
sanduku
der Koffer
gari
das Auto


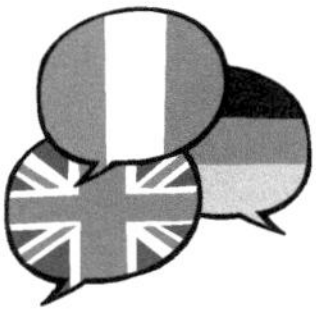

lugha
......................
die Sprache

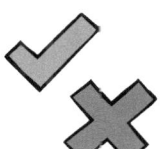

ndiyo / la
......................
ja / nein

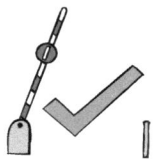

sawa
......................
Okay

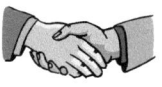

hujambo
......................
Hallo

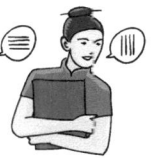

mtafsiri
......................
die Dolmetscherin

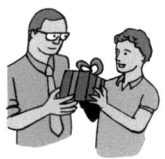

Asante
......................
Danke

kiasi gani ni ...?

Wie viel kostet ...?

Sielewi

Ich verstehe nicht.

tatizo

das Problem

Jioni njema!

Guten Abend!

Habari za asubuhi!

Guten Morgen!

Usiku mwema!

Gute Nacht!

kwa heri

Auf Wiederschaun!

mwelekeo

die Richtung

mizigo

das Gepäck

mfuko

die Tasche

shanta

der Rucksack

mgeni

der Gast

chumba

das Zimmer

begi la kulalia

der Schlafsack

hema

das Zelt

usafiri - die Reise

taarifa ya utalii

die Touristeninformation

ufuo

der Strand

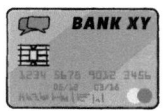

kadi

die Kreditkarte

kifunguakinywa

das Frühstück

chakula cha mchana

das Mittagessen

chakula cha jioni

das Abendessen

tiketi

die Fahrkarte

kuinua

der Lift

muhuri

die Briefmarke

mpaka

die Grenze

mila

der Zoll

ubalozi

die Botschaft

visa

das Visum

pasipoti

der Pass

# usafiri
# der Transport

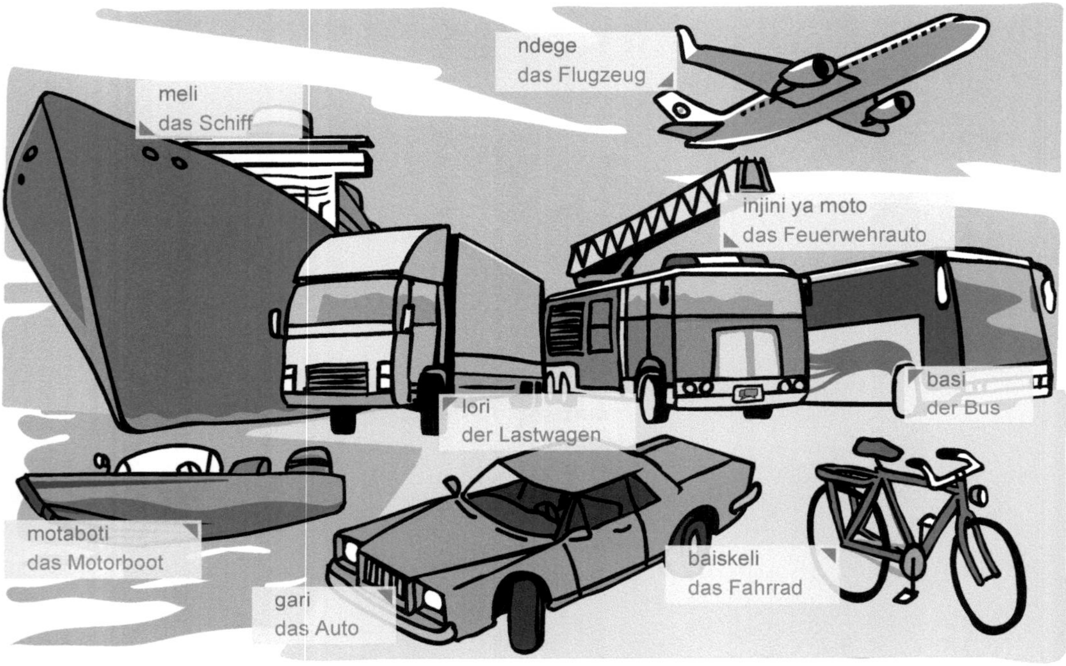
ndege
das Flugzeug
meli
das Schiff
injini ya moto
das Feuerwehrauto
lori
der Lastwagen
basi
der Bus
motaboti
das Motorboot
baiskeli
das Fahrrad
gari
das Auto

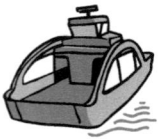

feri

die Fähre

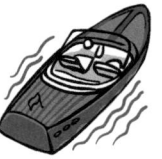

mashua

das Boot

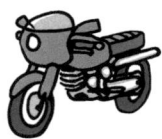

pikipiki

das Motorrad

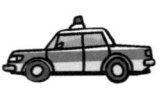

gari la polisi

das Polizeiauto

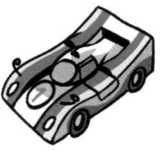

gari la mashindano

das Rennauto

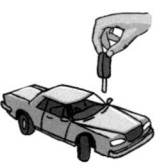

gari la kukodisha

der Mietwagen

kushiriki gari

das Carsharing

lori la kuvuta

der Abschleppwagen

ukusanyaji taka

der Müllwagen

motor

der Motor

mafuta

der Kraftstoff

kituo cha mafuta

die Tankstelle

ishara trafiki

das Verkehrsschild

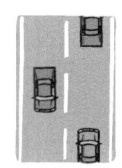

trafiki

der Verkehr

msongamano

der Stau

maegesho

der Parkplatz

kituo cha treni

der Bahnhof

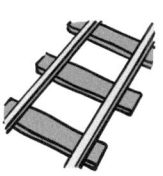

reli

die Schienen

garimoshi

der Zug

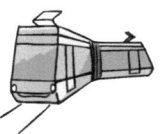

tremu

die Straßenbahn

gari la mizigo

der Wagon

helikopta

der Hubschrauber

uwanja wa ndege

der Flughafen

mnara

der Tower

abiria

der Passagier

chombo

der Container

katoni

der Karton

mkokoteni

der Rollwagen

kikapu

der Korb

ondoka

starten / landen

## jiji
## die Stadt

kijiji

das Dorf

katikati ya jiji

das Stadtzentrum

nyumba

das Haus

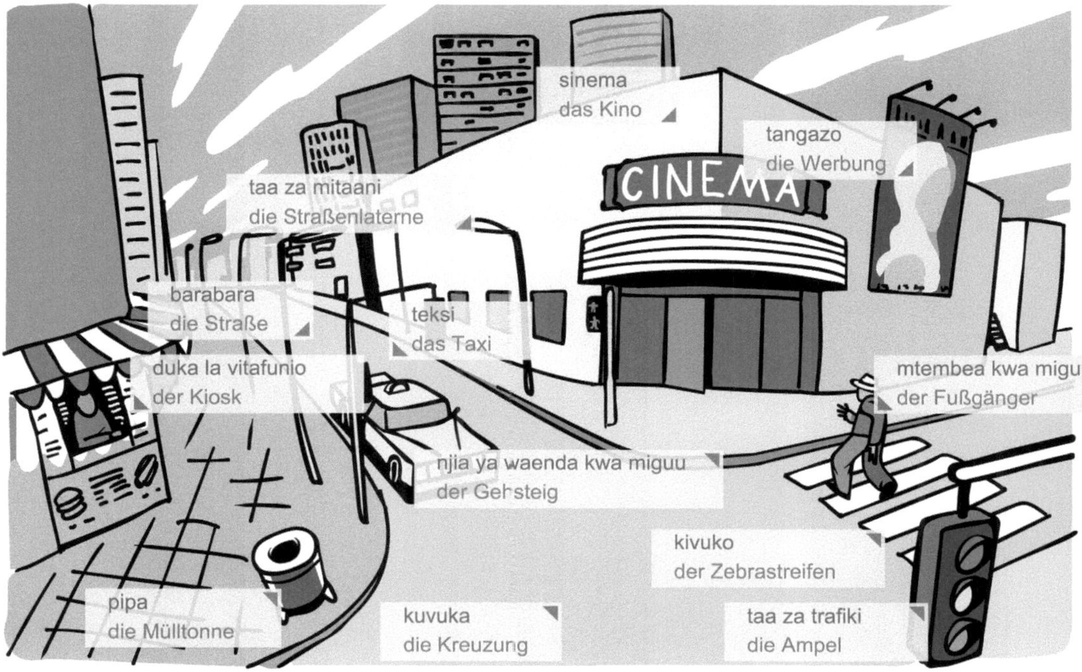

sinema
das Kino
tangazo
die Werbung
CINEMA
taa za mitaani
die Straßenlaterne
barabara
die Straße
teksi
das Taxi
duka la vitafunio
der Kiosk
mtembea kwa migu
der Fußgänger
njia ya waenda kwa miguu
der Gehsteig
kivuko
der Zebrastreifen
pipa
die Mülltonne
kuvuka
die Kreuzung
taa za trafiki
die Ampel

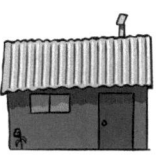

kibanda

die Hütte

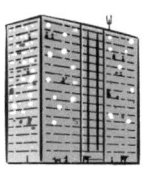

gorofa

die Wohnung

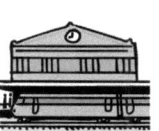

kituo cha treni

der Bahnhof

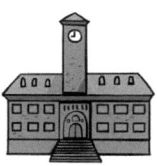

ukumbi wa mji

das Rathaus

MUSEUM

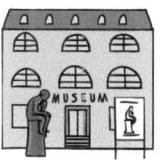

Makavazi

das Museum

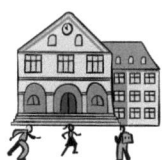

shule

die Schule

chuo kikuu

die Universität

benki

die Bank

hospitali

das Spital

hoteli

das Hotel

duka la dawa

die Apotheke

ofisi

das Büro

duka la kitabu

die Buchhandlung

duka

das Geschäft

duka la maua

der Blumenladen

dukakuu

der Supermarkt

soko

der Markt

idara ya kuhifadhi

das Kaufhaus

mwuza samaki

der Fischhändler

kituo cha ununuzi

das Einkaufszentrum

bandari

der Hafen

Hifadhi

der Park

benki

die Bank

daraja

die Brücke

vidato

die Stiege

chini ya ardhi

die U-Bahn

handaki

der Tunnel

kituo cha mabasi

die Bushaltestelle

bar

die Bar

mgahawa

das Restaurant

sanduku la posta

der Briefkasten

ishara ya barabara

das Straßenschild

mita ya maegesho

die Parkuhr

bustani ya wanyama

der Zoo

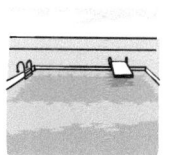

kidimbwi cha kuogelea

die Badeanstalt

msikiti

die Moschee

shamba

der Bauernhof

uchafuzi

die Umweltverschmutzung

makaburini

der Friedhof

kanisa

die Kirche

uwanja wa michezo

der Spielplatz

hekalu

der Tempel

# mazingira
## die Landschaft

jani
das Blatt

ishara ya mwelekeo
der Wegweiser

njia
der Weg

malisho
die Wiese

jiwe
der Stein

mti
der Baum

mtembeaji wa masafa
der Wanderer

mto
der Fluss

nyasi
das Gras

ua
die Blume

bonde

das Tal

kilima

der Hügel

ziwa

der See

msitu

der Wald

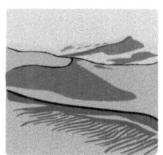

jangwa

die Wüste

volkano

der Vulkan

ngome

das Schloss

upinde wa mvua

der Regenbogen

uyoga

der Pilz

mtende

die Palme

mbu

der Moskito

kuruka

die Fliege

chungu

die Ameise

nyuki

die Biene

buibui

die Spinne

mende
der Käfer

chura
der Frosch

kuchakuro
das Eichhörnchen

nungunungu
der Igel

sungura
der Hase

bundi
die Eule

ndege
die Vogel

swan
der Schwan

nguruwe mwitu
das Wildschwein

kulungu
der Hirsch

aina ya kongoni
der Elch

bwawa
der Staudamm

tabo ya upepo
das Windrad

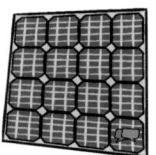

nishaji ya jua
das Solarmodul

hali ya hewa
das Klima

# mgahawa
## das Restaurant

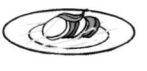

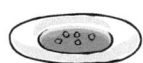

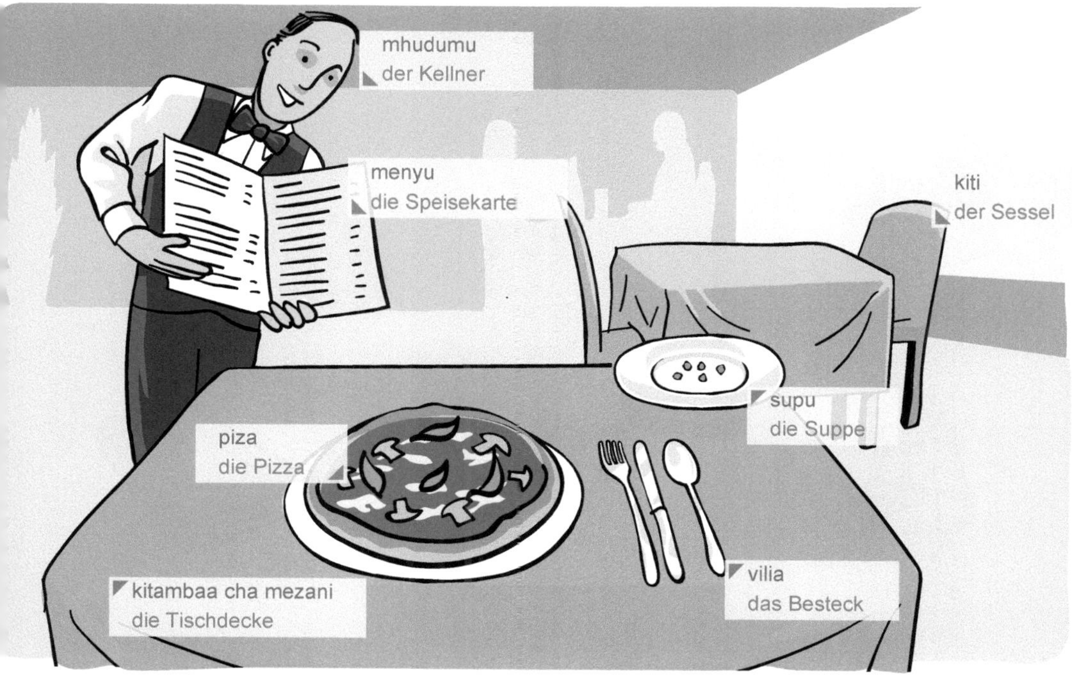

mhudumu
der Kellner
menyu
die Speisekarte
kiti
der Sessel
supu
die Suppe
piza
die Pizza
kitambaa cha mezani
die Tischdecke
vilia
das Besteck


kiamsha hamu

die Vorspeise

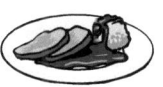

kozi kuu

das Hauptgericht

kitindamlo

die Nachspeise

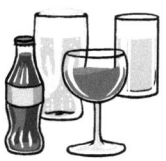

vinywaji

die Getränke

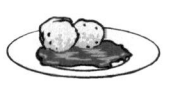

chakula

das Essen

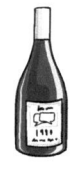

chupa

die Flasche

chakula cha haraka

das Fastfood

Streetfood

das Streetfood

buli

die Teekanne

kisanduku cha sukari

die Zuckerdose

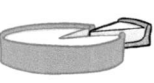

sehemu

die Portion

mashine ya espresso

die Espressomaschine

kiti kirefu

der Kinderstuhl

muswada

die Rechnung

trei

das Tablett

kisu

das Messer

uma

die Gabel

kijiko

der Löffel

kijiko cha chai

der Teelöffel

nepi

die Serviette

glasi

das Glas

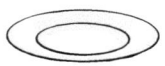

sahani

der Teller

sahani ya supu

der Suppenteller

sufuria

die Untertasse

mchuzi

die Sauce

kichanyaji chumvi

der Salzstreuer

kinu cha pilipili

die Pfeffermühle

siki

der Essig

mafuta

das Öl

viungo

die Gewürze

kechapu

das Ketchup

haradali

der Senf

kachumbari nzito

die Mayonnaise

# dukakuu
# der Supermarkt

ofa maalum
das Angebot
FOR
mteja
der Kunde
maziwa
die Milchprodukte
matunda
das Obst
toroli
der Einkaufswagen


BUTCHERS


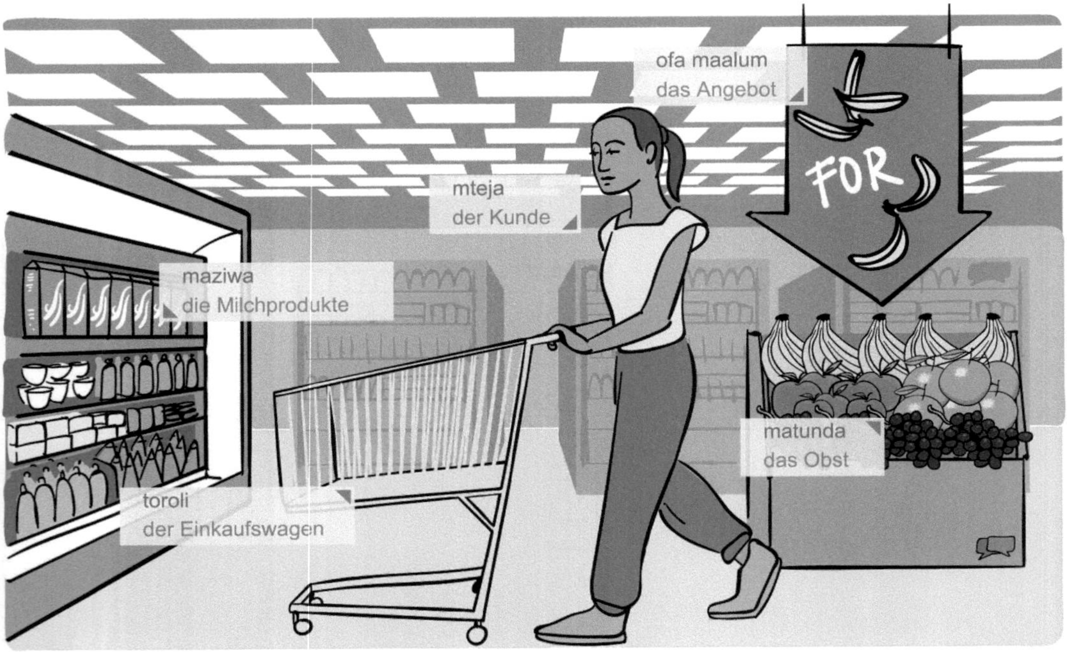

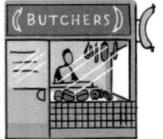

mchinjaji

die Schlachterei

BAKERY


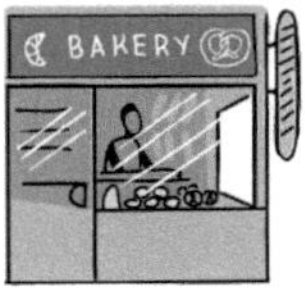

mwokaji

die Bäckerei

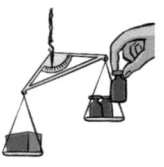

uzito

wiegen

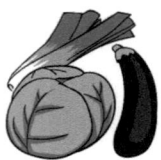

mboga

das Gemüse

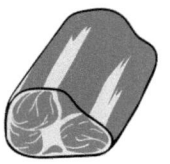

nyama

das Fleisch

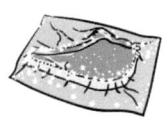

chakula waliohifadhiwa

die Tiefkühlkost

vipande vya nyama baridi

der Aufschnitt

chakula cha kopo

die Konserven

sabuni ya unga

das Waschmittel

pipi

die Süßigkeiten

bidhaa za kaya

die Haushaltsartikel

bidhaa za kusafisha

das Reinigungsmittel

mtu mauzo

die Verkäuferin

mpaka

die Kassa

keshia

die Kassiererin

orodha ya manunuzi

die Einkaufsliste

masaa ya ufunguzi

die Öffnungszeiten

mkoba

die Brieftasche

kadi

die Kreditkarte

mfuko

die Tasche

mfuko wa plastiki

die Plastiktüte

# die Getränke

maji

das Wasser

sharubati

der Saft

maziwa

die Milch

coke

die Cola

mvinyo

der Wein

bia

das Bier

pombe

der Alkohol

kakao

der Kakao

chai

der Tee

kahawa

der Kaffee

spreso

der Espresso

kapuchino

der Cappuccino

ndizi

die Banane

tufaha

der Apfel

machungwa

die Orange

tikiti

die Melone

lemon

die Zitrone

karoti

die Karotte

kitunguu saumu

der Knoblauch

mianzi

der Bambus

kitunguu

die Zwiebel

uyoga

der Pilz

karanga

die Nüsse

nudo

die Nudeln

spageti

die Spaghetti

mpunga

der Reis

saladi

der Salat

vibanzi

die Pommes frites

viazi vya kukaanga

die Bratkartoffeln

piza

die Pizza

hambaga

der Hamburger

sandwichi

das Sandwich

kipande

das Schnitzel

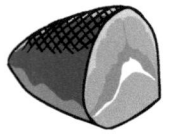

paja la mnyama

der Schinken

salami

die Salami

soseji

die Wurst

kuku

das Huhn

choma

der Braten

samaki

der Fisch

chakula - das Essen

oats ya uji

die Haferflocken

muesli

das Müsli

cornflakes

die Cornflakes

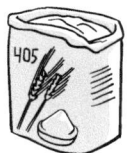

unga

das Mehl

kroisanti

das Croissant

andazi

die Semmel

mkate

das Brot

mkate wa kubanika

der Toast

biskuti

die Kekse

siagi

die Butter

maziwa mgando

der Topfen

keki

der Kuchen

yai

das Ei

yai kukaanga

das Spiegelei

jibini

der Käse

aiskrimu

die Eiscreme

sukari

der Zucker

asali

der Honig

jemu

die Marmelade

kuenea kwa chokoleti

der Schokoladenaufstrich

mchuzi wa viungo

das Curry

# shamba
## der Bauernhof

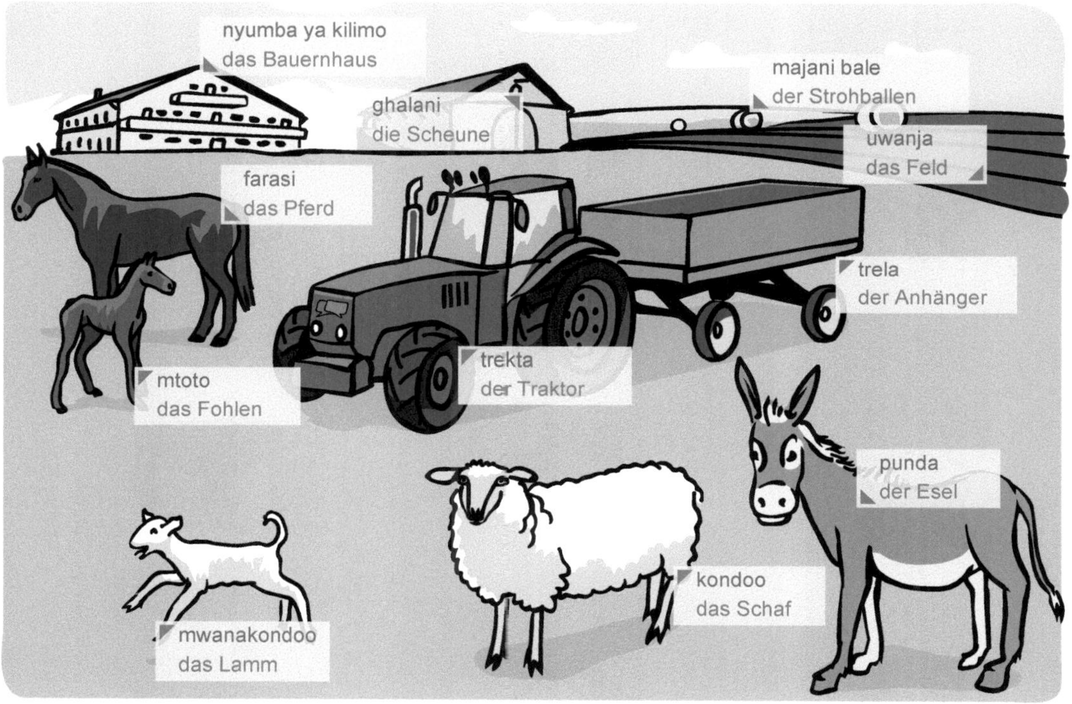

nyumba ya kilimo
das Bauernhaus
ghalani
die Scheune
majani bale
der Strohballen
uwanja
das Feld
farasi
das Pferd
trela
der Anhänger
mtoto
das Fohlen
trekta
der Traktor
punda
der Esel
kondoo
das Schaf
mwanakondoo
das Lamm


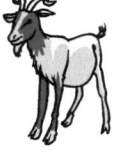

mbuzi

die Ziege

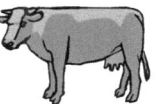

ng'ombe

die Kuh

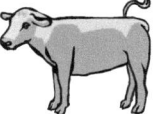

ndama

das Kalb

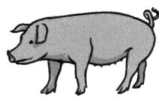

nguruwe

das Schwein

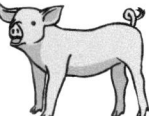

mwananguruwe

das Ferkel

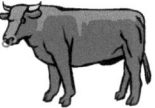

fahali

der Stier

batabukini

die Gans

bata

die Ente

kifaranga

das Küken

kuku

das Huhn

jogoo

der Hahn

panya

die Ratte

paka

die Katze

panya

die Maus

ng'ombe

der Ochse

mbwa

der Hund

nyumba ya mbwa

die Hundehütte

bomba la bustani

der Gartenschlauch

debe la kumwagilia maji

die Gießkanne

fyekeo

die Sense

kulima

der Pflug

mundu

die Sichel

jembe

die Hacke

uma wa nyasi

die Mistgabel

shoka

die Axt

toroli

die Schubkarre

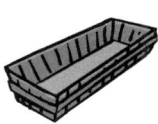

kupitia nyimbo

der Trog

chombo cha maziwa

die Milchkanne

gunia

der Sack

ua

der Zaun

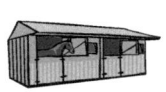

imara

der Stall

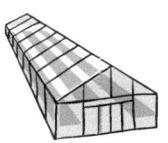

chafu

das Treibhaus

udongo

der Boden

mbegu

die Saat

mbolea

der Dünger

kivunaji

der Mähdrescher

shamba - der Bauernhof

mavuno
........................
ernten

mavuno
........................
die Ernte

viazi vikuu
........................
die Yamswurzel

ngano
........................
der Weizen

soya
........................
das Soja

viazi
........................
der Erdapfel

mahindi
........................
der Mais

rapa
........................
der Raps

mti wa matunda
........................
der Obstbaum

muhogo
........................
der Maniok

nafaka
........................
das Getreide

shamba - der Bauernhof

# nyumba
## das Haus

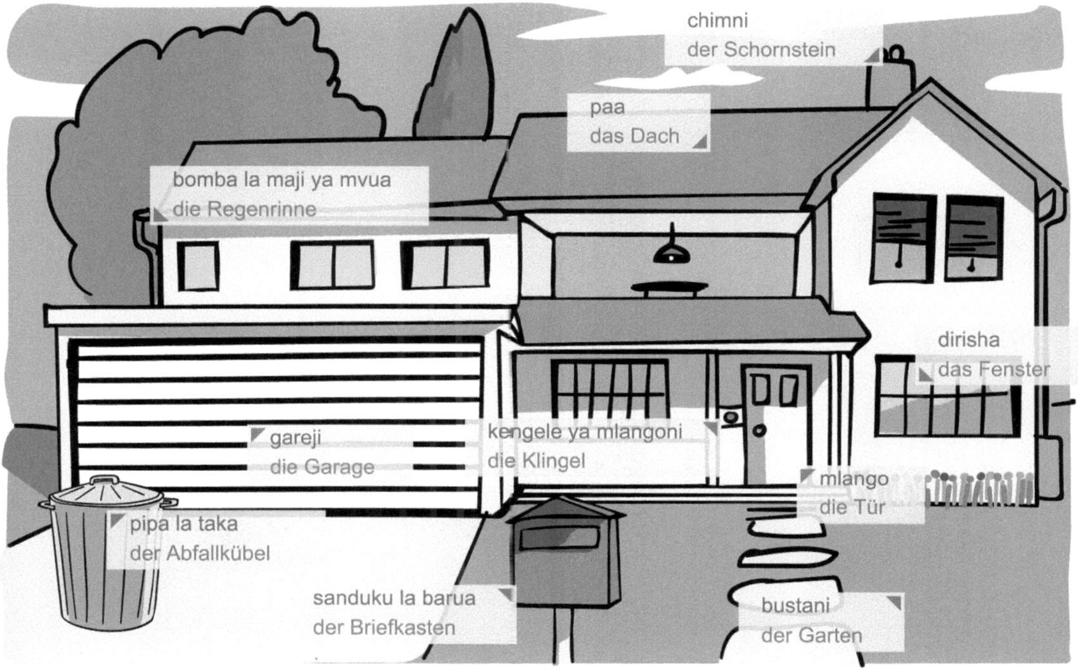

chimni
der Schornstein
paa
das Dach
bomba la maji ya mvua
die Regenrinne
dirisha
das Fenster
gareji
die Garage
kengele ya mlangoni
die Klingel
mlango
die Tür
pipa la taka
der Abfallkübel
sanduku la barua
der Briefkasten
bustani
der Garten


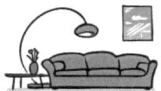

sebuleni

das Wohnzimmer

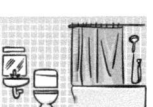

bafu

das Badezimmer

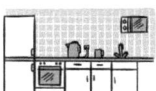

jikoni

die Küche

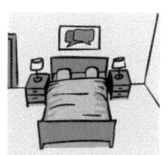

chumba cha kulala

das Schlafzimmer

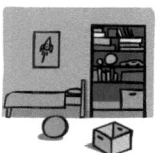

chumba ya mtoto

das Kinderzimmer

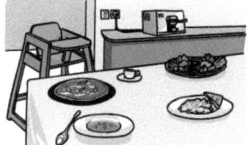

chumba cha kulia

das Esszimmer

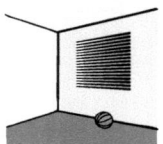

sakafu

der Boden

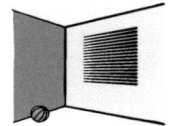

ukuta

die Wand

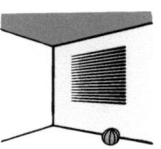

dari

die Decke

pishi

der Keller

sauna

die Sauna

roshani

der Balkon

mtaro

die Terrasse

kidimbwi

das Schwimmbad

mashine ya kukata nyasi

der Rasenmäher

karatasi

der Bettbezug

kitambaa cha kupamba
kitanda

die Bettdecke

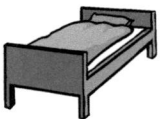

kitanda

das Bett

ufagio

der Besen

ndoo

der Kübel

kubadili

der Schalter

# sebuleni

# das Wohnzimmer

mandhari
die Tapete
picha
das Bild
taa
die Lampe
rafu
das Regal
kabati
der Schrank
televisheni/runinga
der Fernseher
mekoni
der Kamin
ua
die Blume
mto
der Polster
sofa
das Sofa
chombo cha maua
die Vase
kitenzambali
die Fernbedienung


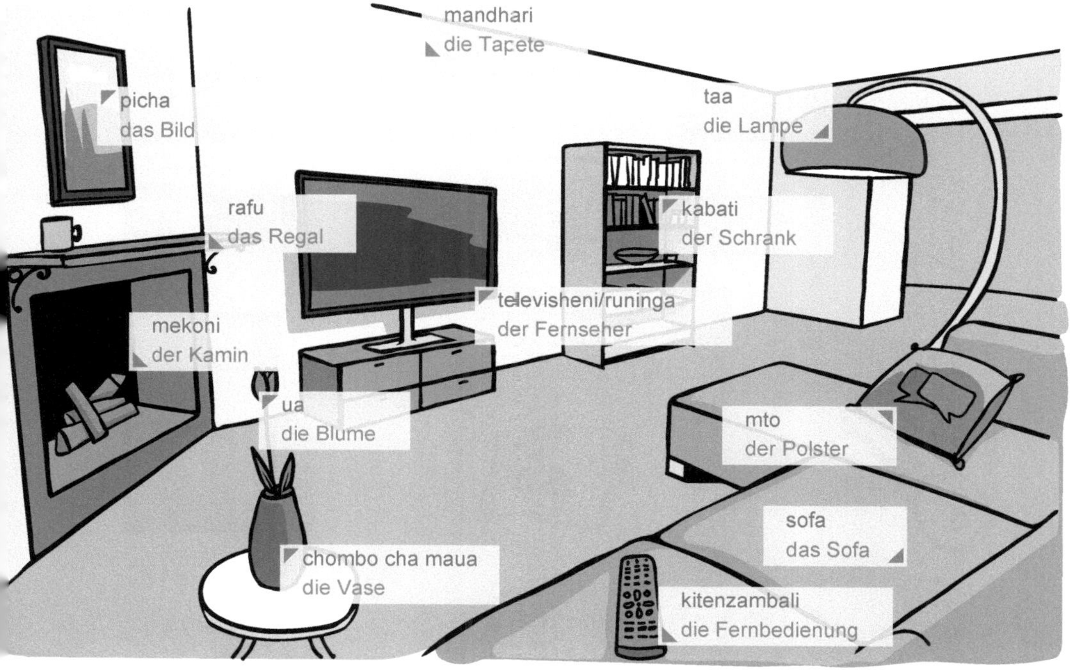

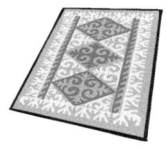

zulia

der Teppich

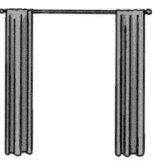

pazia

der Vorhang

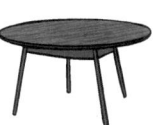

meza

der Tisch

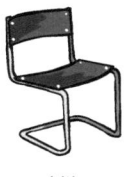

kiti

der Sessel

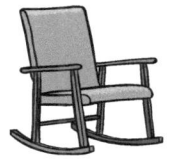

kiti cha bembea

der Schaukelstuhl

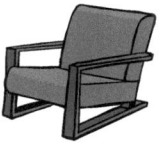

armchair

der Sessel

kitabu

das Buch

blanketi

die Decke

mapambo

die Dekoration

kuni

das Feuerholz

filamu

der Film

kifaa cha hi-fi

die Stereoanlage

ufunguo

der Schlüssel

gazeti

die Zeitung

uchoraji

das Gemälde

bango

das Poster

redio

das Radio

daftari

der Notizblock

kifyonza

der Staubsauger

dungusi kakati

der Kaktus

mshumaa

die Kerze

# jikoni
## die Küche

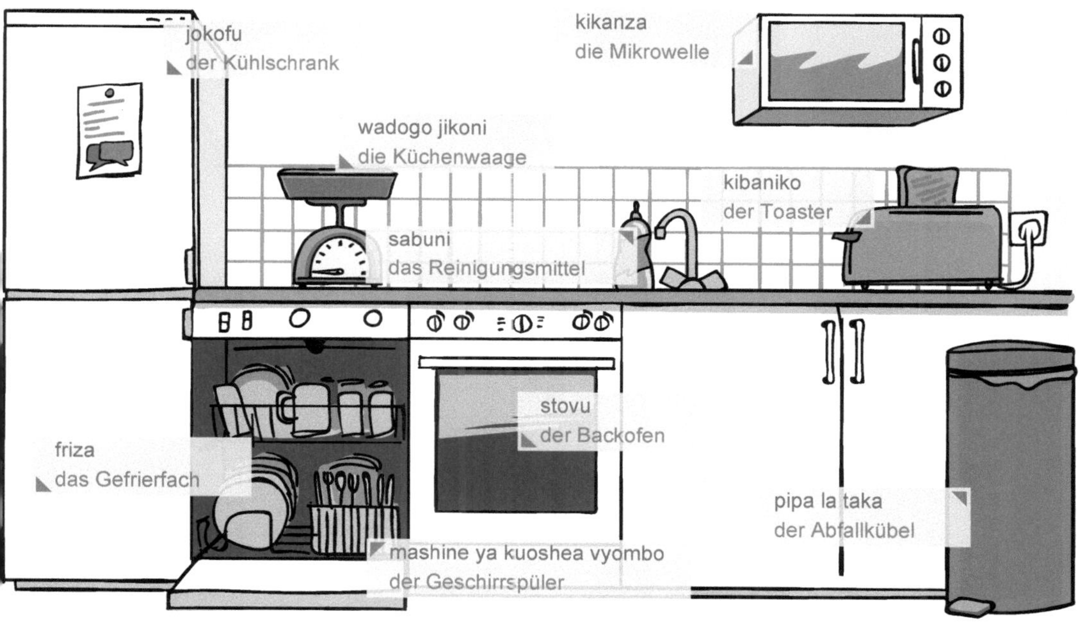
jokofu
der Kühlschrank
kikanza
die Mikrowelle
wadogo jikoni
die Küchenwaage
kibaniko
der Toaster
sabuni
das Reinigungsmittel
stovu
der Backofen
friza
das Gefrierfach
pipa la taka
der Abfallkübel
mashine ya kuoshea vyombo
der Geschirrspüler

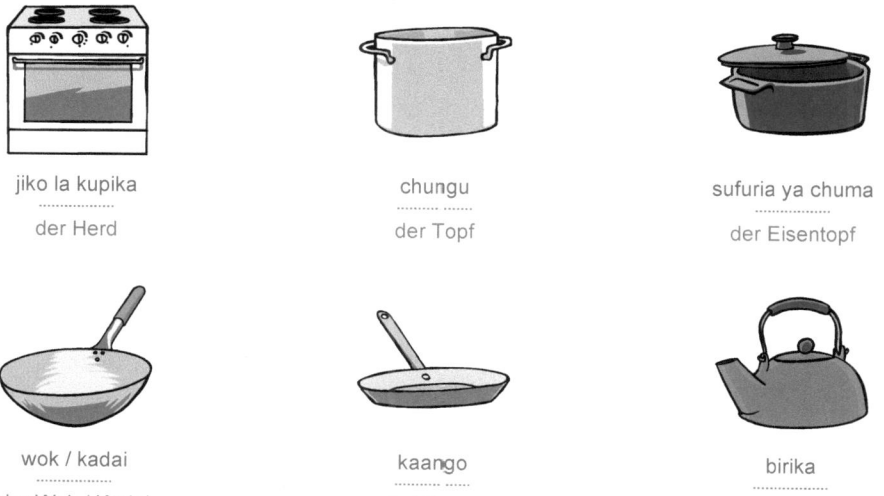

jiko la kupika
.................
der Herd

chungu
.................
der Topf

sufuria ya chuma
.................
der Eisentopf

wok / kadai
.................
der Wok / Kadai

kaango
.................
die Pfanne

birika
.................
der Wasserkocher

stima

der Dampfgarer

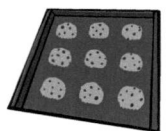

sinia ya kuoka

das Backblech

vyombo vya udongo

das Geschirr

kombe

der Becher

bakuli

die Schale

vijiti vya kulia

die Essstäbchen

ukawa

der Schöpflöffel

mwiko mpana

der Pfannenwender

burashi

der Schneebesen

kichujio

das Kochsieb

chujio

das Sieb

mbuzi

die Reibe

chokaa

der Mörser

barbeque

der Grill

moto wazi

das Kaminfeuer

ubao wa majaribio

das Schneidebrett

kijiti cha kusukuma unga

das Nudelholz

kizibuo

der Korkenzieher

kopo

die Dose

inaweza kopo

der Dosenöffner

kishikio cha chungu

der Topflappen

karo

das Waschbecken

brashi

die Bürste

sifongo

der Schwamm

kisagaji matunda

der Mixer

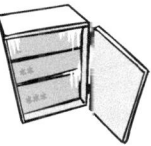

friji ya kina

die Gefriertruhe

chupa ya mtoto

die Babyflasche

bomba

der Wasserhahn

# bafu
## das Badezimmer

joto
die Heizung
taulo
das Handtuch
mfereji wa kuogea
die Dusche
pazia la kuogea
der Duschvorhang
maji ya kuoga yenye povu
das Schaumbad
hodhi
die Badewanne
glasi
das Glas
mashine ya kuosha
die Waschmaschine
bomba
der Wasserhahn
vigae
die Fliesen
poti
der Nachttopf
karo
das Waschbecken


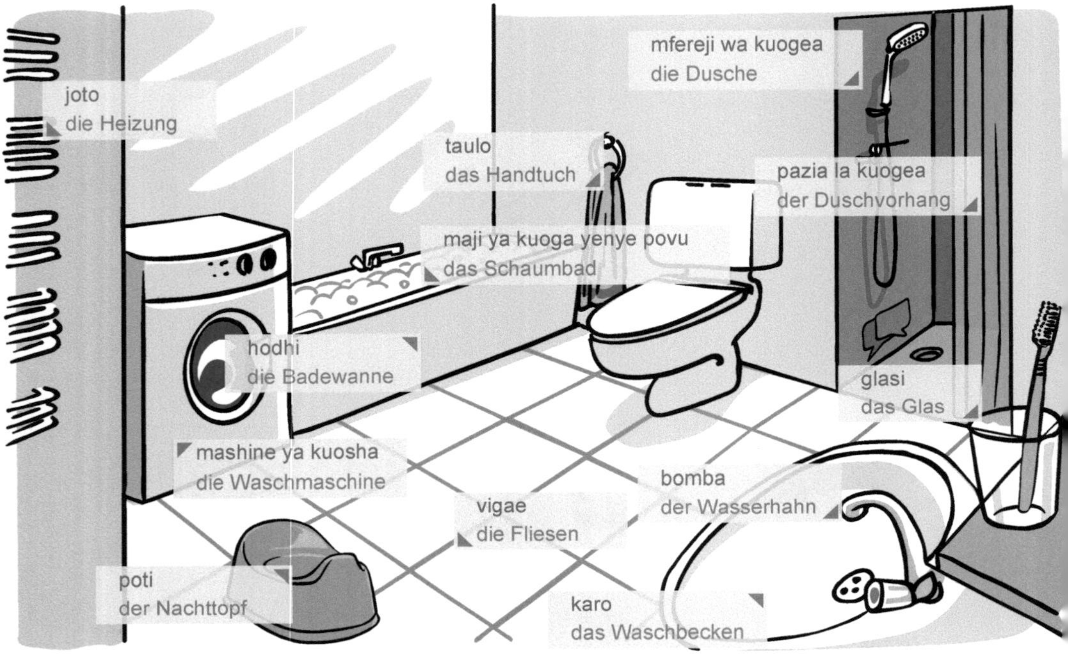

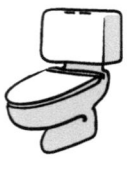

choo

das Klo

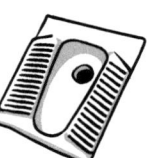

choo cha squat

die Hocktoilette

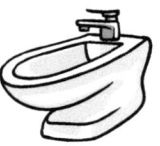

beseni la mviringo

das Bidet

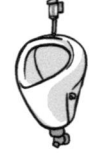

choo cha umma

das Pissoir

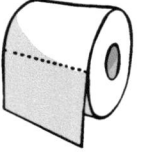

shashi

das Klopapier

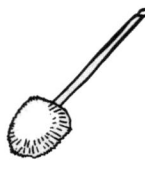

brashi ya choo

die Klobürste

mswaki

die Zahnbürste

dawa ya meno

die Zahnpasta

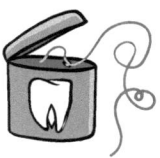

dawa ya meno

die Zahnseide

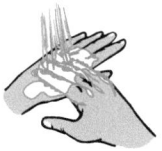

safisha

waschen

kuoga mkono

die Handbrause

msukumo wa maji

die Intimdusche

bonde

die Waschschüssel

mpako wa pili

die Rückenbürste

sabuni

die Seife

jeli ya kuogea

das Duschgel

shampuu

das Shampoo

flana

der Waschlappen

toa maji

der Abfluss

krimu

die Creme

kiondoa harufu

das Deodorant

| | | |
|---|---|---|
|  |  |  |
| kioo | kioo mkono | kinyozi |
| der Spiegel | der Kosmetikspiegel | der Rasierer |
|  |  | 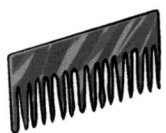 |
| povu la kunyoa | baada ya kunyoa | kichana |
| der Rasierschaum | das Rasierwasser | der Kamm |
|  |  |  |
| brashi | kikausha nywele | marashi ya nyewele |
| die Bürste | der Föhn | das Haarspray |
|  |  |  |
| vipodozi | kidomwa | varnish ya msumari |
| das Makeup | der Lippenstift | der Nagellack |
|  |  |  |
| pamba | mkasi wa kucha | manukato |
| die Watte | die Nagelschere | das Parfum |

mkoba wa kuosha

der Kulturbeutel

kinyesi

der Hocker

mizani

die Waage

nguo ya kuoga

der Bademantel

glavu za mpira

die Gummihandschuhe

kisodo

das Tampon

sodo

die Damenbinde

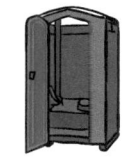

kemikali choo

die Chemietoilette

# chumba ya mtoto

# das Kinderzimmer

saa ya kengele
der Wecker
kidoli cha kupakata
das Kuscheltier
gari bandia
das Spielzeugauto
kelele
die Rassel
chumba cha midoli
das Puppenhaus
sasa
das Geschenk

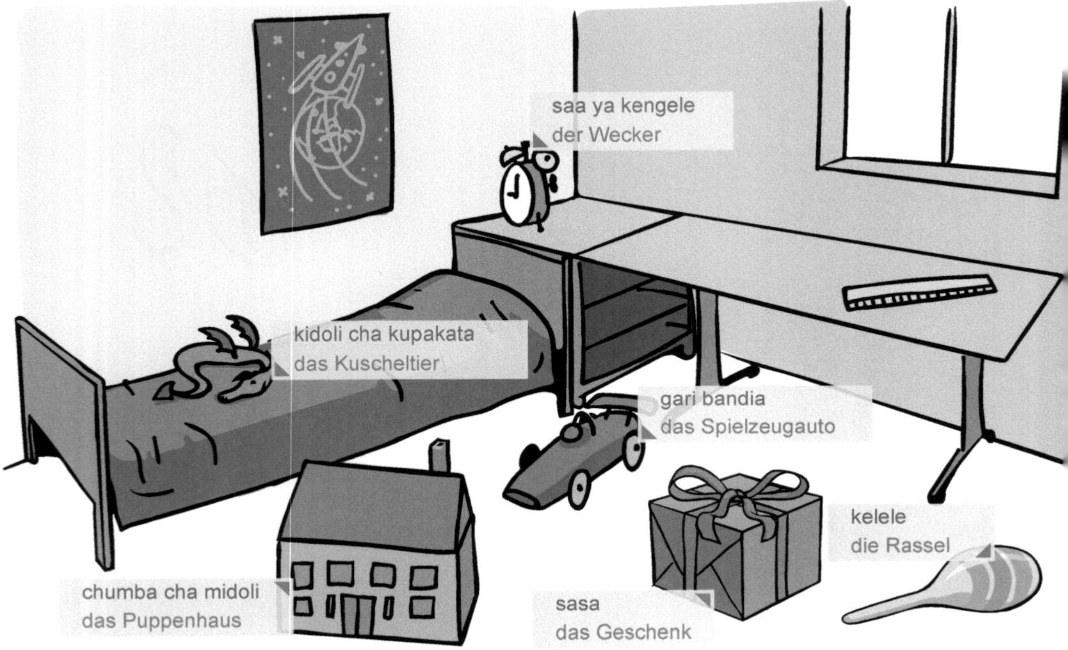

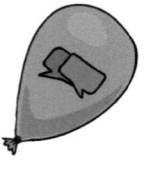

baluni

der Ballon

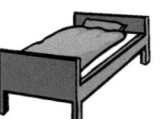

kitanda

das Bett

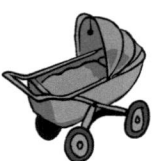

mashua

der Kinderwagen

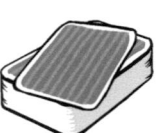

staha ya kadi

das Kartenspiel

mchezo-fumb

das Puzzle

SUPER
MEGA

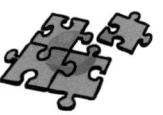

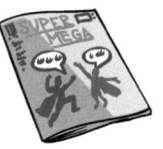

vichekesho

der Comic

matofali lego

die Legosteine

vitalu mwigo

die Bausteine

hatua takwimu

die Actionfigur

suti ya kulalia

der Strampelanzug

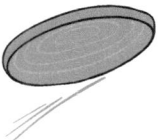

kisahani

das Frisbee

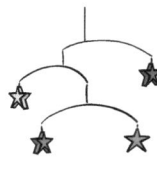

simu

das Mobile

ubao wa michezo

das Brettspiel

kete

der Würfel

garimoshi mwigo

die Modelleisenbahn

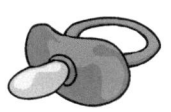

dummy

der Schnuller

chama

die Party

picha kitabu

das Bilderbuch

mpira

der Ball

kikaragosi

die Puppe

kucheza

spielen

shimo la mchanga

der Sandkasten

bembea

die Schaukel

vitu bandia

das Spielzeug

kiweko cha video ya mchezo

die Spielkonsole

baiskeli ya magurudumu

das Dreirad

matatu

mwanasesere

der Teddy

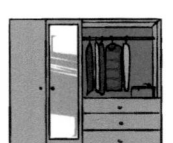

kabati

der Kleiderschrank

## nguo
## die Kleidung

soksi

die Socken

stokingi

die Strümpfe

kibano

die Strumpfhose

skafu
der Schal

mwavuli
der Regenschirm

ukanda
der Gürtel

fulana
das T-Shirt

wakufunzi
die Turnschuhe

viatu
die Stiefel

ndara
die Hausschuhe

malapa
die Sandalen

viatu
die Schuhe

mabuti ya mpira
die Gummistiefel

suruali ya ndani
die Unterhose

sidiria
der Büstenhalter

fulana
das Unterhemd

nguo  -  die Kleidung

45

mwili
der Body

suruali
die Hose

dangirizi
die Jeans

sketi
der Rock

blauzi
die Bluse

shati
das Hemd

vuta
der Pullover

sweta
der Kapuzenpullover

bleza
der Blazer

jaketi
die Jacke

koti
der Mantel

koti la mvua
der Regenmantel

maleba
das Kostüm

gauni
das Kleid

mavazi ya harusi
das Hochzeitskleid

suti

der Anzug

vazi la usiku

das Nachthemd

pajama

der Pyjama

sari

der Sari

skafu

das Kopftuch

kilemba

der Turban

burka

die Burka

kaftan

der Kaftan

abaya

die Abaya

vazi la kuogelea

der Badeanzug

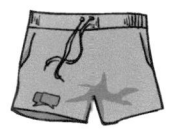

vazi la kiume la kuogelea

die Badehose

kaptura

die kurze Hose

teitei

der Jogginganzug

aproni

die Schürze

glavu

die Handschuhe

kifungo

der Knopf

glasi

die Brille

bangili

das Armband

mkufu

die Halskette

pete

der Ring

herini

der Ohrring

kofia

die Mütze

kiango cha koti

der Kleiderbügel

kofia

der Hut

tai

die Krawatte

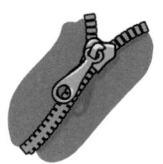

zipu

der Reißverschluss

kofia

der Helm

kanda za suruali

der Hosenträger

sare za shule

die Schuluniform

sare

die Uniform

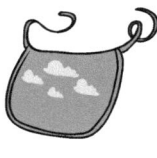

bibu

das Lätzchen

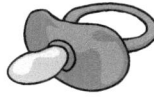

dummy

der Schnuller

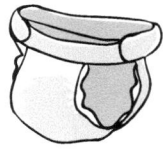

nepi

die Windel

# ofisi

## das Büro

seva
der Server
kabati la kuweka faili
der Aktenschrank
kichapishaji
der Drucker
karatasi
das Papier
kiwambo
der Monitor
dawati
der Schreibtisch
kipanya
die Maus
folda
der Ordner
kibodi
die Tastatur
u cha kuweka karatasi chafu
Papierkorb
kiti
der Sessel
kompyuta
der Computer


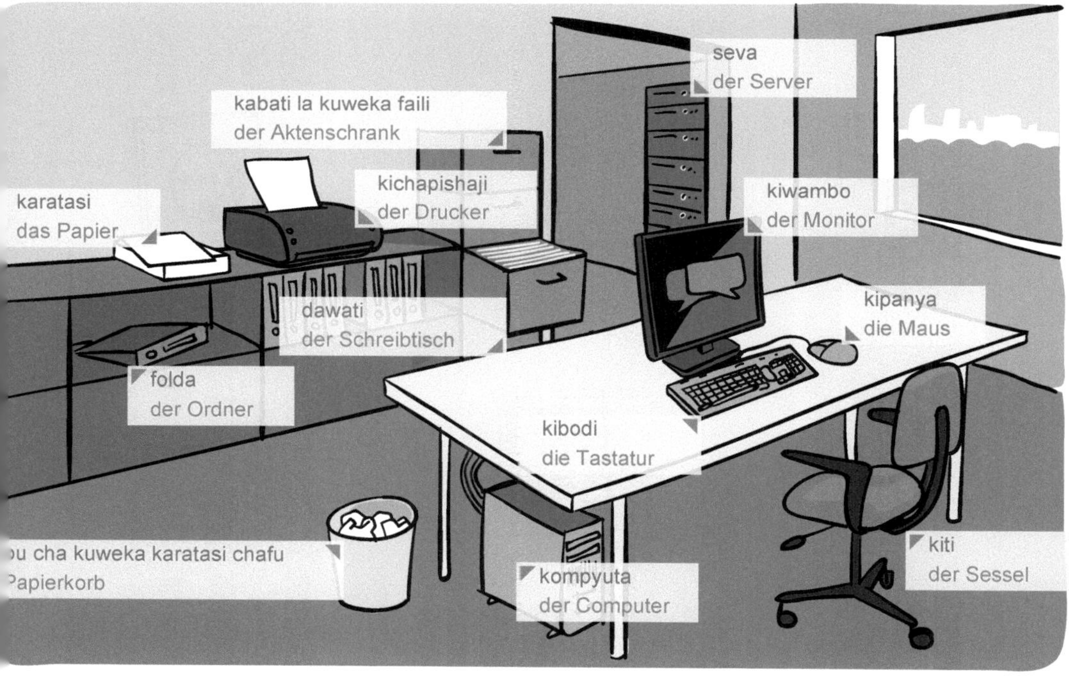

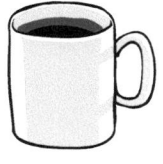

kmobe la kahawa

der Kaffeebecher

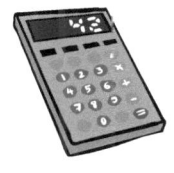

kikokotoo

der Taschenrechner

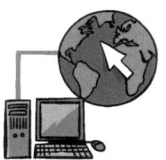

biashara

das Internet

mbali

der Laptop

barua

der Brief

ujumbe

die Nachricht

rununu

das Handy

intaneti

das Netzwerk

fotokopia

der Kopierer

programu

die Software

simu

das Telefon

soketi

die Steckdose

kipepesi

das Fax

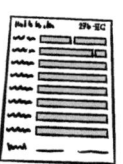

fomu

das Formular

hati

das Dokument

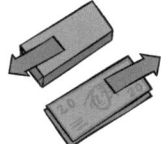

kununua
.................
kaufen

ku'ipa
.................
bezahlen

biashara
.................
handeln

fedha
.................
das Geld

dola
.................
der Dollar

yuro
.................
der Euro

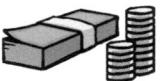

yeni
.................
der Yen

rouɔle
.................
der Rubel

faranga ya Uswisi
.................
der Franken

renminbi yuan
.................
der Renminbi Yuan

rupia
.................
die Rᴜpie

eneo la kulipia
.................
der Bankomat

ofisi ya ubadilishanaji

die Wechselstube

dhahabu

das Gold

fedha

das Silber

mafuta

das Öl

nishati

die Energie

bei

der Preis

mkataba

der Vertrag

kodi

die Steuer

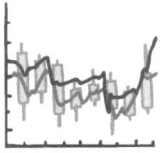

bidhaa

die Aktie

kazi

arbeiten

mfanyakazi

der Angestellte

mwajiri

der Arbeitgeber

kiwanda

die Fabrik

duka

das Geschäft

afisa wa polisi
der Polizist

mzimamoto
der Feuerwehrmann

mpishi
der Koch

daktari
die Ärztin

rubani
der Pilot

mtunza bustani

der Gärtner

seremala

der Tischler

mshonaji

die Schneiderin

hakimu

der Richter

mwanakemia

die Chemikerin

muigizaji

der Schauspieler

dereva wa basi

der Busfahrer

dereva wa teksi

der Taxifahrer

mvuvi

der Fischer

mwanamke wa kusafisha

die Putzfrau

mwezekaji

der Dachdecker

mhudumu

der Kellner

mwindaji

der Jäger

mchoraji

der Maler

mwokaji

der Bäcker

umeme

der Elektriker

mjenzi

der Bauarbeiter

mhandisi

der Ingenieur

mchinjaji

der Schlachter

fundi bomba

der Installateur

mwanaposta

die Briefträgerin

mwanajeshi

der Soldat

msanifu majengo

der Architekt

keshia

die Kassiererin

muuza maua

die Blumenhändlerin

msusi

der Friseur

kondakta

der Schaffner

mekanika

der Mechaniker

nahodha

der Kapitän

daktari wa meno

die Zahnärztin

mwanasayansi

der Wissenschaftler

rabbi

der Rabbi

imamu

der Imam

mtawa

der Mönch

kas si

der Pfarrer

# zana
# die Werkzeuge

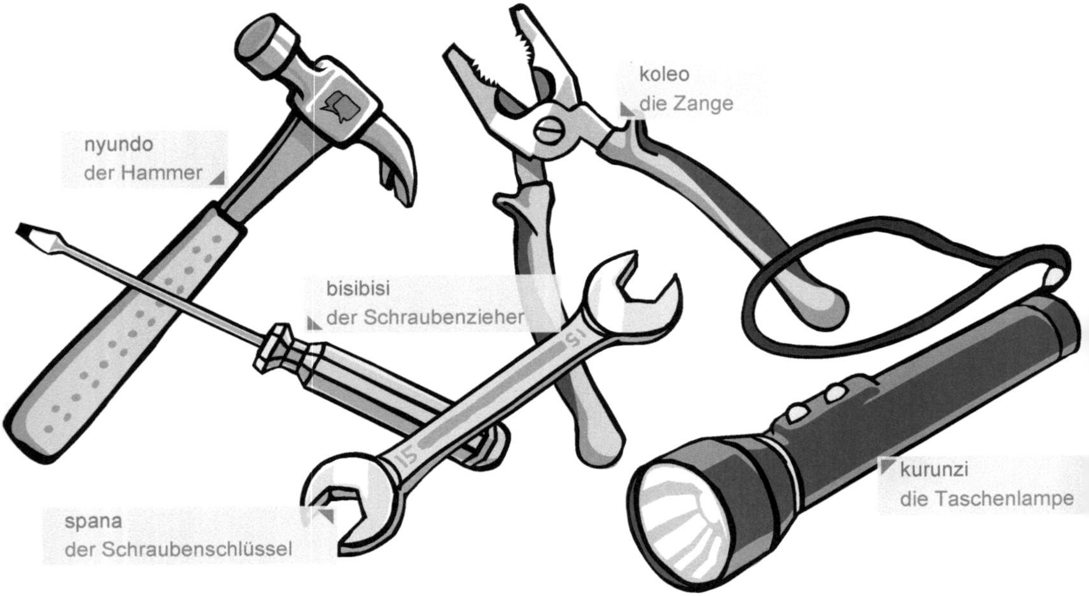
nyundo
der Hammer
koleo
die Zange
bisibisi
der Schraubenzieher
spana
der Schraubenschlüssel
kurunzi
die Taschenlampe

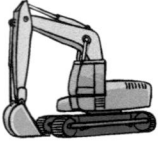

mchimbaji

der Bagger

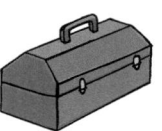

sanduku la vifaa

der Werkzeugkasten

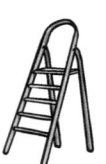

ngazi

die Leiter

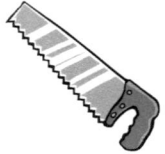

msumeno

die Säge

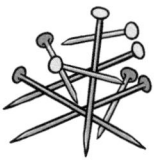

misumari

die Nägel

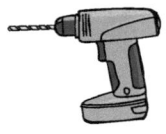

kuchimba visima

der Bohrer

kukarabati
...............
reparieren

sepetu
...............
die Schaufel

Lo!
...............
Scheiße!

kishikio cha uchafu
...............
die Kehrschaufel

chungu cha rangi
...............
der Farbtopf

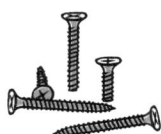

skurubu
...............
die Schrauben

## ala za muziki
## die Musikinstrumente

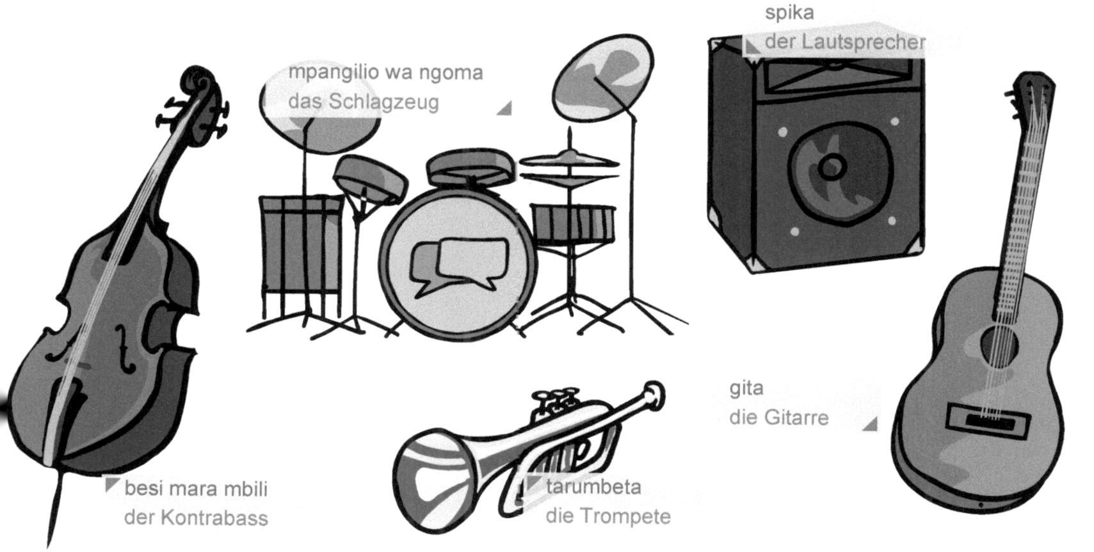

spika
der Lautsprecher

mpangilio wa ngoma
das Schlagzeug

gita
die Gitarre

besi mara mbili
der Kontrabass

tarumbeta
die Trompete

piano

das Klavier

fidla

die Violine

ubeji

der Bass

timpani

die Pauke

ngoma

die Trommeln

kibodi

die Tastatur

saksafoni

das Saxophon

filimbi

die Flöte

maikrofoni

das Mikrofon

# bustani ya wanyama
## der Zoo

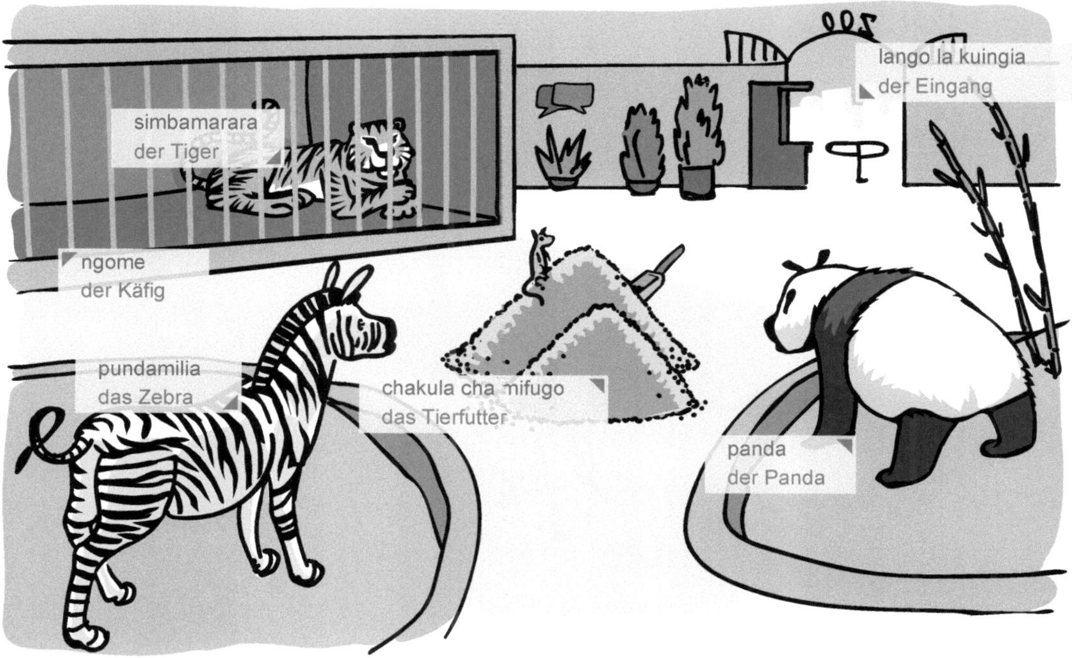
lango la kuingia
der Eingang
simbamarara
der Tiger
ngome
der Käfig
pundamilia
das Zebra
chakula cha mifugo
das Tierfutter
panda
der Panda

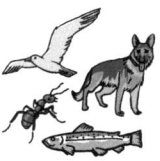

wanyama

die Tiere

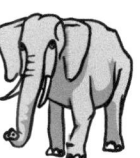

tembo

der Elefant

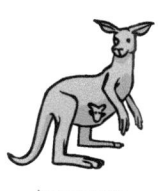

kangaruu

das Känguru

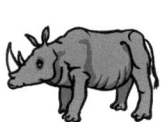

kifaru

das Nashorn

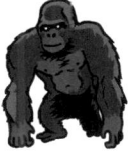

sokwe

der Gorilla

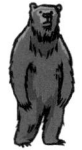

dubu

der Bär

ngamia

das Kamel

mbuni

der Strauß

simba

der Löwe

tumbili

der Affe

heroe

der Flamingo

kasuku

der Papagei

dubu

der Eisbär

penguini

der Pinguin

papa

der Hai

tausi

der Pfau

nyoka

die Schlange

mamba

das Krokodil

mtunza wanyama

der Zoowärter

muhuri

die Robbe

jaguar

der Jaguar

mwanafarasi

das Pony

chui

der Leopard

kiboko

das Nilpferd

twiga

die Giraffe

tai

der Adler

nguruwe mwitu

das Wildschwein

samaki

der Fisch

kobe

die Schildkröte

sili

das Walross

mbweha

der Fuchs

paa

die Gazelle

soka ya marekani
das American Football

uendeshaji baiskeli
das Radfahren

tenisi
das Tennis

mpira wa kikapu
der Basketball

kuogelea
das Schwimmen

ndondi
das Boxen

magongo ya barafuni
das Eishockey

soka
der Fußball

vinyoya
das Badminton

riadha
die Leichtathletik

mpira wa mikono
der Handball

skii
das Skifahren

polo
das Polo

# shughuli
# die Aktivitäten

cheka
lachen
kuruka
springen
kumbatia
umarmen
kutembea
gehen
kuimba
singen
ota ndoto
träumen
kuomba
beten
busu
küssen

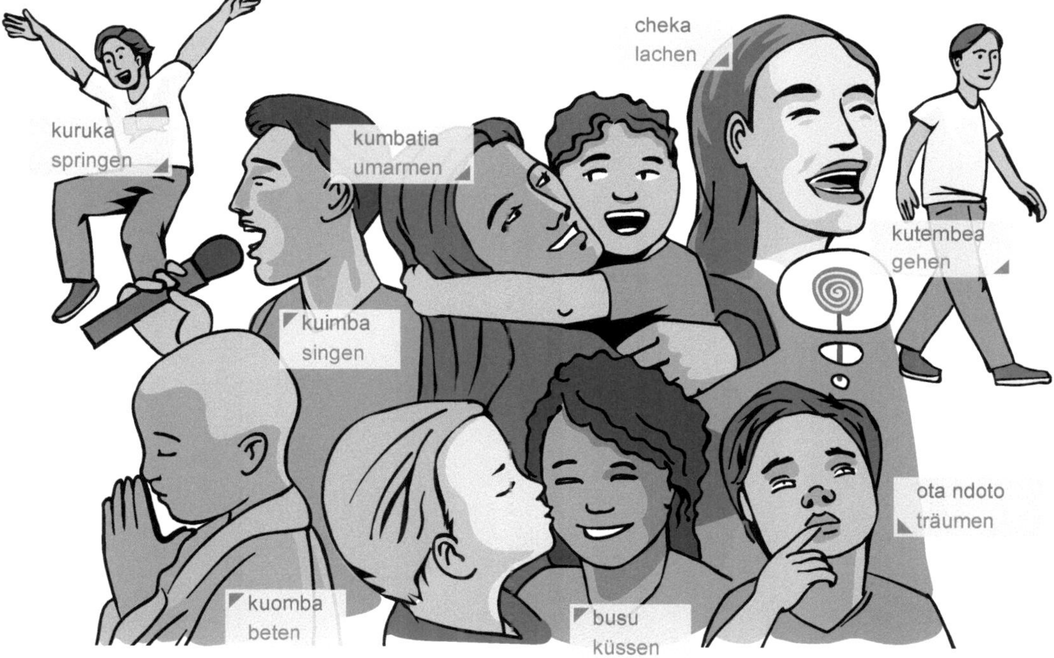

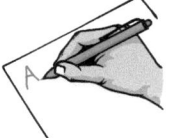

kuandika
schreiben

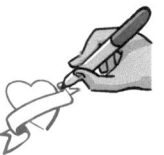

kuteka
zeichnen

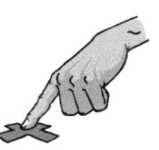

angalia
zeigen

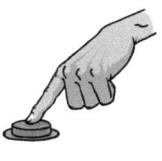

sukuma
drücken

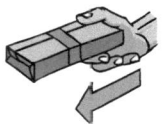

kutoa
geben

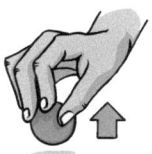

kuchukua
nehmen

kuwa

haben

fanya

machen

kuwa

sein

kusimama

stehen

kukimbia

laufen

vuta

ziehen

kutupa

werfen

kuanguka

fallen

hadaa

liegen

kusubiri

warten

kubeba

tragen

kukaa

sitzen

vaa nguo

anziehen

usingizi

schlafen

kuamka

aufwachen

kuangalia

ansehen

lia

weinen

kiharusi

streicheln

chana nywele

frisieren

ongea

reden

kuelewa

verstehen

kuuliza

fragen

kusikiliza

hören

kunywa

trinken

kula

essen

nadhifisha

zusammenräumen

upendo

lieben

mpishi

kochen

gari

fahren

kuruka

fliegen

shughuli - die Aktivitäten

meli
segeln

kokotoa
rechnen

kusoma
lesen

kujifunza
lernen

kazi
arbeiten

kuoa
heiraten

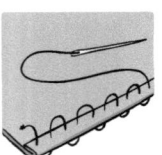

kushona
nähen

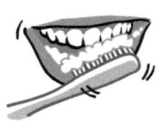

piga mswaki
Zähne putzen

kuua
töten

moshi
rauchen

kutuma
senden

bibi
die Großmutter

babu
der Großvater

baba
der Vater

mama
die Mutter

mtoto
das Baby

binti
die Tochter

bin
der Sohn

mgeni

der Gast

shangazi

die Tante

mjomba

der Onkel

kaka

der Bruder

daca

die Schwester

# mwili

# der Körper

paji la uso
die Stirn
jicho
das Auge
bega
die Schulter
kidole
der Finger
uso
das Gesicht
kidevu
das Kinn
mkono
die Hand
mguu
das Bein
matiti
die Brust
mkono
der Arm


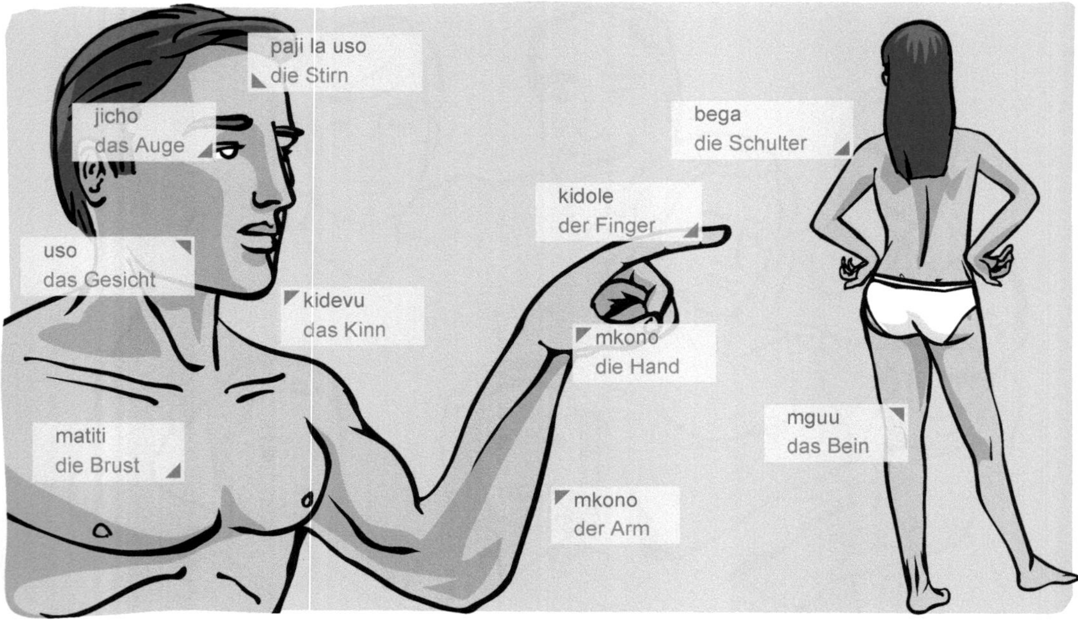

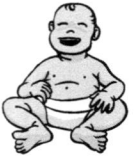

mtoto

das Baby

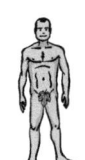

mwanamume

der Mann

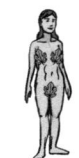

mwanamke

die Frau

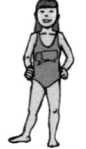

msichana

das Mädchen

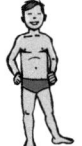

mvulana

der Junge

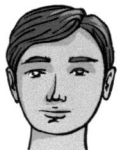

kichwa

der Kopf

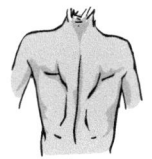

nyuma

der Rücken

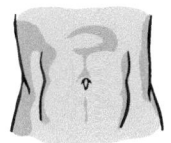

tumbo

der Bauch

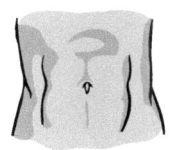

kitovu

der Nabel

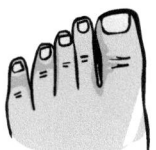

chano

der Zeh

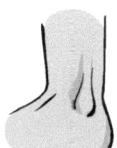

kisigino

die Ferse

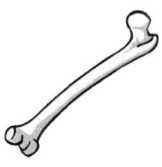

mfupa

der Knochen

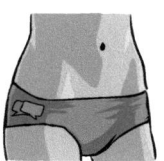

nyonga

die Hüfte

goti

das Knie

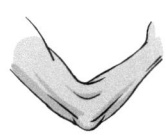

kiwiko

der Ellbogen

pua

die Nase

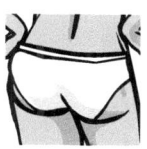

chin

das Gesäß

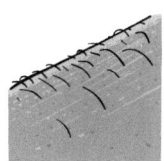

ngozi

die Haut

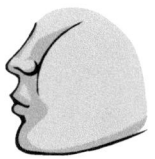

shavu

die Wange

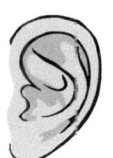

sikio

das Ohr

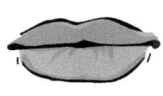

mdomo

die Lippe

mwili - der Körper

kinywa

der Mund

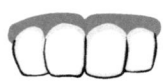

jino

der Zahn

ulimi

die Zunge

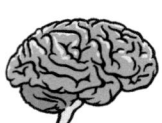

ubongo

das Gehirn

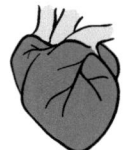

moyo

das Herz

misuli

der Muskel

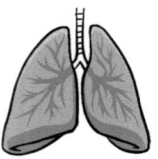

pafu

die Lunge

ini

die Leber

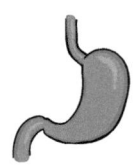

tumbo

der Magen

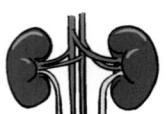

figo

die Nieren

jinsia

der Geschlechtsverkehr

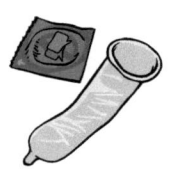

kondomu

das Kondom

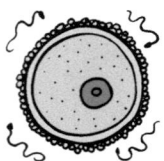

ovari

die Eizelle

shahawa

das Sperma

mimba

die Schwangerschaft

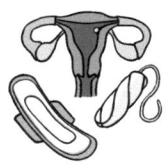

hedhi

die Menstruation

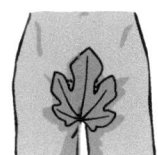

uke

die Vagina

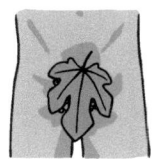

uume

der Penis

unyusi

die Augenbraue

nywele

das Haar

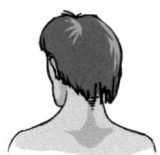

shingo

der Hals

# hospitali
# das Spital

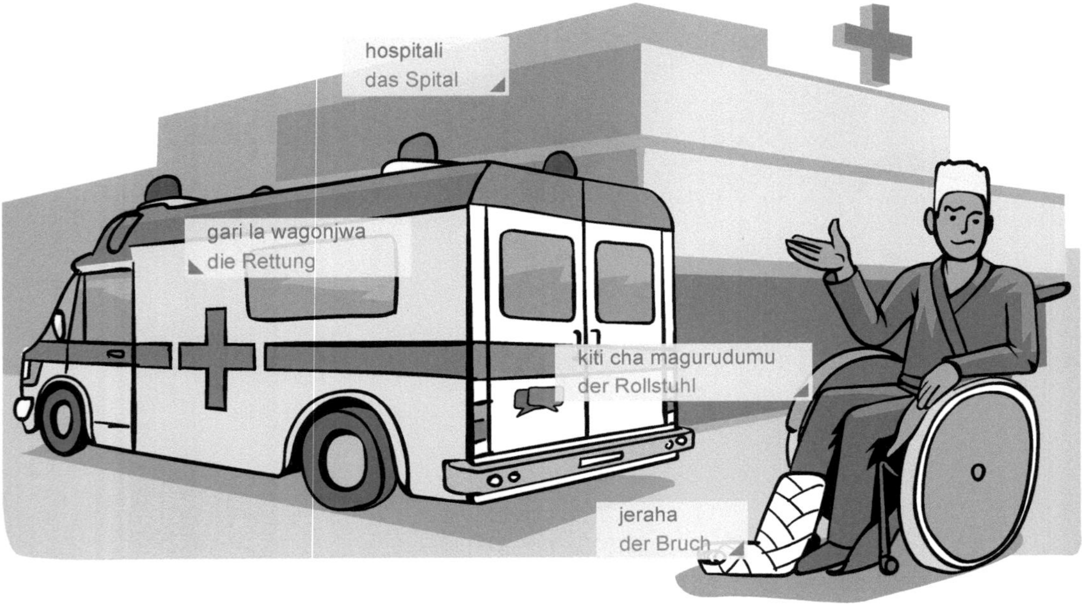

hospitali
das Spital
gari la wagonjwa
die Rettung
kiti cha magurudumu
der Rollstuhl
jeraha
der Bruch

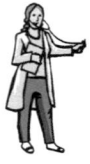

daktari
die Ärztin

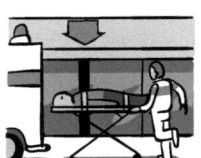

chumba cha dharura
die Notaufnahme

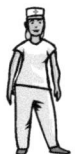

muuguzi
die Krankenschwester

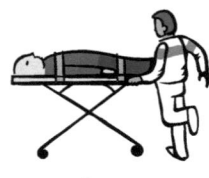

dharura
der Notfall

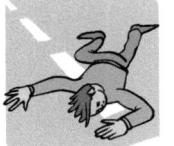

kupoteza fahamu
ohnmächtig

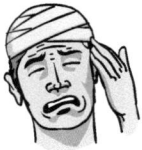

maumivu
der Schmerz

kuumia

die Verletzung

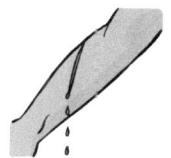

kutokwa na damu

die Blutung

mshtuko wa moyo

der Herzinfarkt

kiharusi

der Schlaganfall

mzio

die Allergie

kikohozi

der Husten

homa

das Fieber

mafua

die Grippe

kuharisha

der Durchfall

maumivu ya kichwa

die Kopfschmerzen

kansa

der Krebs

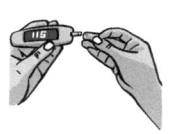

ugonjwa wa kisukari

die Diabetes

daktari mpasuaji

der Chirurg

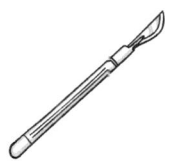

kisu kidogo cha kupasulia

das Skalpell

operesheni

die Operation

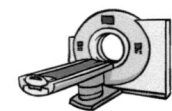

picha changanufu ya mwili

das CT

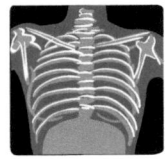

Eksrei

das Röntgen

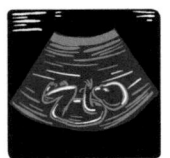

mawimbi sauti

der Ultraschall

barakoa ya uso

die Maske

ugonjwa

die Krankheit

chumba cha kusubiri

das Wartezimmer

mkongojo

die Krücke

plasta

das Pflaster

bendeji

der Verband

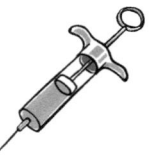

sindano

die Injektion

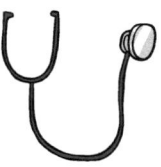

stetoskopu

das Stethoskop

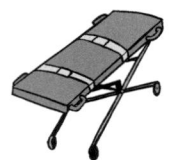

machela

die Trage

kipimajoto cha kliniki

das Thermometer

kuzaliwa

die Geburt

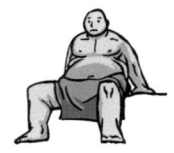

unene kupita kiasi

das Übergewicht

kusikia misaada

das Hörgerät

kipukusi

das Desinfektionsmittel

maambukizi

die Infektion

virusi

das Virus

VVU / UKIMWI

das HIV / AIDS

dawa

die Medizin

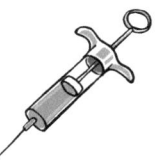

chanjo

die Impfung

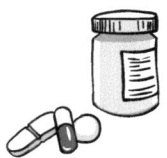

vidonge

die Tabletten

kidonge

die Pille

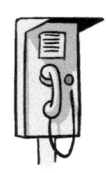

simu ya dharura

der Notruf

haemodair amometa

der Blutdruckmesser

mgonjwa / mwenye afya

krank / gesund

Msaada!

Hilfe!

kengele

der Alarm

pigo

der Überfall

shambulizi

der Angriff

hatari

die Gefahr

lango la dharura

der Notausgang

Moto!

Feuer!

kizima moto

der Feuerlöscher

ajali

der Unfall

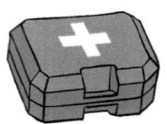

vifaa vya huduma ya kwanza

der Erste-Hilfe-Koffer

wito wa msaada

SOS

polisi

die Polizei

Ulaya

das Europa

Amerika ya Kaskazini

das Nordamerika

Amerika ya Kusini

das Südamerika

Afrika

das Afrika

Asia

das Asien

Australia

das Australien

Atlantiki

der Atlantik

Pasifiki

der Pazifik

Bahari ya Hindi

der Indische Ozean

Bahari ya Antaktiki

der Antarktische Ozean

Bahari ya Aktiki

der Arktische Ozean

Ncha ya Kaskazini

der Nordpol

Ncha ya Kusini

der Südpol

Antaktika

die Antarktis

dunia

die Erde

nchi

das Land

bahari

das Meer

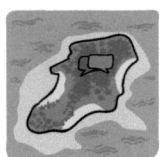

kisiwa

die Insel

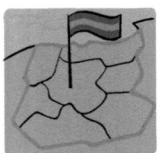

taifa

die Nation

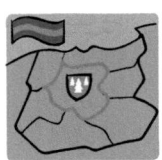

jimbo

der Staat

uso wa saa

das Ziffernblatt

akrabu ya saa

der Stundenzeiger

akrabu ya dakika

der Minutenzeiger

akrabu ya sekunde

der Sekundenzeiger

Ni saa ngapi?

Wie spät ist es?

siku

der Tag

wakati

die Zeit

sasa

jetzt

saa ya dijitali

die Digitaluhr

dakika

die Minute

saa

die Stunde

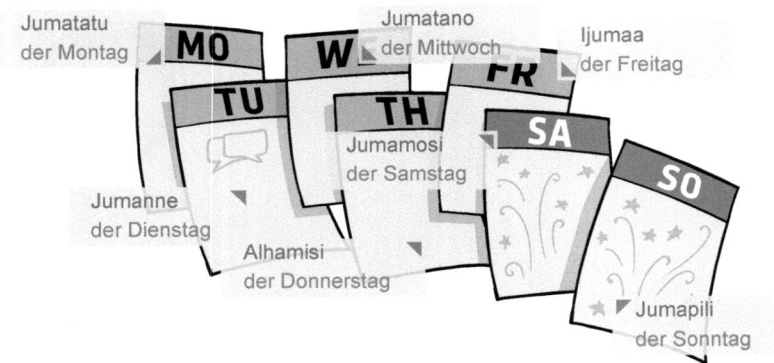

Jumatatu — der Montag
Jumatano — der Mittwoch
Ijumaa — der Freitag
Jumamosi — der Samstag
Jumanne — der Dienstag
Alhamisi — der Donnerstag
Jumapili — der Sonntag

jana

gestern

leo

heute

kesho

morgen

asubuhi

der Morgen

saa sita mchana

der Mittag

jioni

der Abend

siku za biashara

die Arbeitstage

mwishoni mwa wiki

das Wochenende

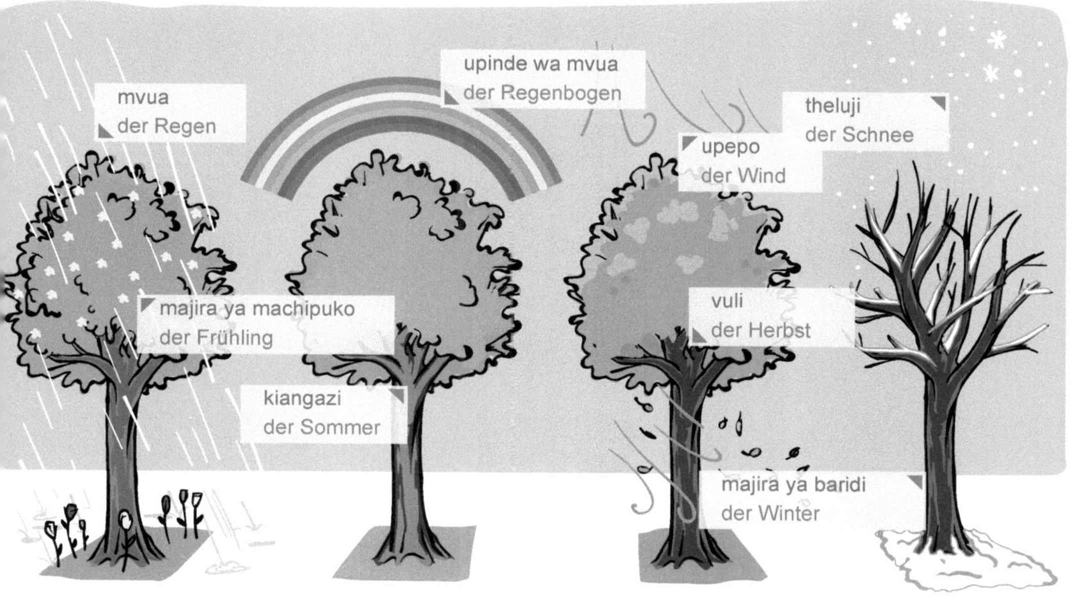

mvua
der Regen

upinde wa mvua
der Regenbogen

theluji
der Schnee

upepo
der Wind

majira ya machipuko
der Frühling

vuli
der Herbst

kiangazi
der Sommer

majira ya baridi
der Winter

utabiri wa hali ya hewa

die Wettervorhersage

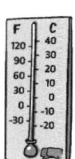

kipimajoto

das Thermometer

mwanga wa jua

der Sonnenschein

wingu

die Wolke

ukungu

der Nebel

unyevu

die Luftfeuchtigkeit

umeme
...............
der Blitz

radi
...............
der Donner

dhoruba
...............
der Sturm

mvua ya mawe
...............
der Hagel

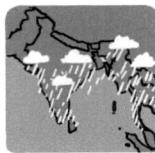

monsuni
...............
der Monsun

mafuriko
...............
die Flut

barafu
...............
das Eis

Januari
...............
der Jänner

Februari
...............
der Februar

Machi
...............
der März

Aprili
...............
der April

Mei
...............
der Mai

Juni
...............
der Juni

Julai
...............
der Juli

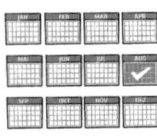

Agosti
...............
der August

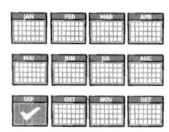

Septemba

der September

Oktoba

der Oktober

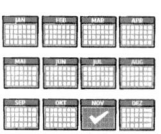

Novemba

der November

Desemba

der Dezember

mduara

der Kreis

mraba

das Quadrat

mstatili

das Rechteck

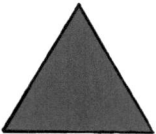

pembetatu

das Dreieck

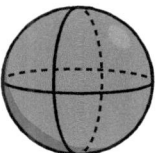

nyanja

die Kugel

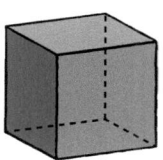

mchemraba

der Würfel

nyeupe

weiß

manjano

gelb

chungwa

orange

rangi ya waridi

pink

nyekundu

rot

hudhurungi

lila

bluu

blau

kijani

grün

hanja

braun

jivujivu

grau

nyeusi

schwarz

mengi / kidogo

viel / wenig

hasira / pole

wütend / friedlich

nzuri / mbaya

hübsch / hässlich

mwanzo / mwisho

der Anfang / das Ende

kubwa / ndogo

groß / klein

angavu / giza

hell / dunkel

kaka / dada

der Bruder / die Schwester

safi / chafu

sauber / schmutzig

kamilika / tokamilika

vollständig / unvollständig

siku / usiku

der Tag / die Nacht

wafu / hai

tot / lebendig

pana / nyembamba

breit / schmal

kulika / kutolika

genießbar / ungenießbar

ovu / ema

böse / freundlich

sisimkwa / udhika

aufgeregt / gelangweilt

nene / nyembamba

dick / dünn

kwanza / mwisho

zuerst / zuletzt

rafiki / adui

der Freund / der Feind

jaa / tupu

voll / leer

ngumu / laini

hart / weich

nzito / nyepesi

schwer / leicht

njaa / kiu

der Hunger / der Durst

mgonjwa / mwenye afya

krank / gesund

haramu / kisheria

illegal / legal

akili / kijinga

gescheit / dumm

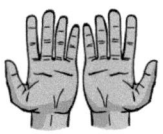

kushoto / kulia

links / rechts

karibu / mbali

nah / fern

mpya / kutumika

neu / gebraucht

kitu / jambo

nichts / etwas

zee / changa

alt / jung

waka / zima

an / aus

wazi / fungwa

offen / geschlossen

utulivu / kelele

leise / laut

tajiri / masikini

reich / arm

sahihi / kosa

richtig / falsch

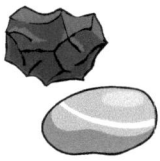

mbaya / laini

rau / glatt

huzunika / furahia

traurig / glücklich

fupi /ndefu

kurz / lang

polepole / haraka

langsam / schnell

nyevu / kavu

nass / trocken

joto / baridi

warm / kühl

vita / amani

der Krieg / der Frieden

kinyume - die Gegenteile

**0**

sufuri

null

**1**

moja

eins

**2**

mbili

zwei

**3**

tatu

drei

**4**

nne

vier

**5**

tano

fünf

**6**

sita

sechs

**7**

saba

sieben

**8**

nane

acht

**9**

tisa

neun

**10**

kumi

zehn

**11**

kumi na moja

elf

**12**

kumi na mbili

zwölf

**13**

kumi na tatu

dreizehn

**14**

kumi na nne

vierzehn

**15**

kumi na tano

fünfzehn

**16**

kumi na sita

sechzehn

**17**

kumi na saba

siebzehn

**18**

kumi na nane

achtzehn

**19**

kumi na tisa

neunzehn

**20**

ishirini

zwanzig

**100**

mia

hundert

**1.000**

elfu

tausend

**1.000.000**

milioni

Million

Kiingereza

Englisch

Kiingereza cha Marekani

Amerikanisches Englisch

Kimandarini cha Uchina

Chinesisch (Mandarin)

Kihindi

Hindi

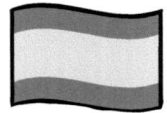

Kihispania

Spanisch

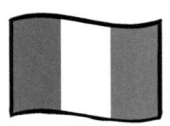

Kifaransa

Französisch

Kiarabu

Arabisch

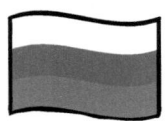

Kirusi

Russisch

Kireno

Portugiesisch

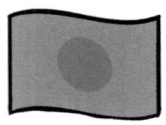

Kibengali

Bengalisch

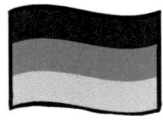

Kijerumani

Deutsch

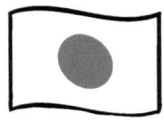

Kijapani

Japanisch

mimi
_____
ich

wewe
_____
du

yeye / yeye / ni
_____
er / sie / es

sisi
_____
wir

wewe
_____
ihr

wao
_____
sie

nani?
_____
Wer?

nini?
_____
Was?

jinsi gani?
_____
Wie?

wapi?
_____
Wo?

lin ?
_____
Wann?

jina
_____
Name

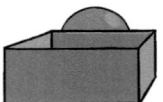

nyuma

hinter

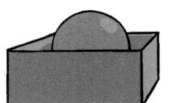

katika

in

mbele ya

vor

juu ya

über

kwenye

auf

chini ya

unter

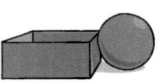

kando

neben

kati

zwischen

mahali

der Ort